AF250619

MÉMOIRE

PRÉSENTÉ

A M. le Ministre de l'Intérieur,

PAR DES HABITANTS

DE LA COMMUNE DE BELLEVILLE,

CONTRE L'ACQUISITION

DE L'ÉTABLISSEMENT DE L'ILE-D'AMOUR,

COMME HOTEL DE MAIRIE.

MÉMOIRE

PRÉSENTÉ

L'acquisition de l'Ile-d'Amour ne peut être validée sans le concours des chambres législatives.

Le mémoire ci-après, signé par un grand nombre d'électeurs communaux, a pour objet d'établir l'inopportunité de cette acquisition.

MONSIEUR LE MINISTRE,

Une question, bien grave pour la commune de Belleville, vous est soumise en ce moment. Vous êtes appelé à ratifier ou à rejeter l'acquisition de la propriété connue sous le nom de l'*Ile-d'Amour*, et dans laquelle le Conseil municipal veut placer la mairie.

Nous savons avec quelle autorité se présente à vous un projet qui émane de la majorité du Conseil municipal, et qui a été successivement approuvé par M. le sous-préfet de l'arrondissement de Saint-Denis et par M. le préfet du département de la Seine; mais nous savons aussi que votre sanction n'est pas une simple formalité, et que ce projet, dégagé des circonstances qui paraissent militer en sa faveur, deviendra pour vous l'objet d'un nouvel et sérieux examen. Cette certitude nous rassure, et c'est avec confiance que nous venons remplir auprès de vous le plus impératif des mandats, celui que donne une véritable conviction.

4

La situation *financière* et *matérielle* de la commune permet-elle
l'acquisition d'une mairie ?

L'immeuble proposé remplit-il les conditions voulues comme
construction, comme *prix*, comme *situation ?*

Dans l'hypothèse de la nécessité d'une mairie, n'est-il pas plus
économique et plus convenable de la construire sur un terrain nu ?

Tels sont les trois points que nous allons examiner successivement
et avec tout le soin que mérite la gravité de la matière.

PREMIÈRE QUESTION.

Le budget de l'exercice 1843 s'est soldé par un déficit de
16,810 fr. 24 c. Encore faut-il ajouter à cette somme 4,261 fr. 53 c.,
produit des centimes additionnels pour l'entretien des chemins vicinaux, et *qui ont été détournés de leur destination*, en sorte que le
déficit réel de cet exercice s'est élevé à 21,071 fr. 77 c.

M. le maire, en présentant au Conseil municipal ce résultat, digne
de toute son attention, a considéré comme un devoir de lui faire
connaître l'état financier et matériel de la commune. Le tableau,
qu'il a tracé dans des termes qui annoncent une conviction pro-
fonde, est sombre et alarmant. Nous allons le laisser parler lui-
même.

« Les produits de l'octroi, de l'abattoir et des concessions de ter-
» rain ont varié depuis deux ans ; plus fructueux en 1842, *ils ont*
» *baissé en* 1843, et il y a lieu de craindre que dans l'année courante
» (1844) *ils n'atteignent pas même le chiffre de l'année dernière.* Les
» variations, dans ces trois sources principales de vos revenus, *ap-*
» *pellent toute votre attention*, et doivent donner matière à *de sérieu-*
» *ses réflexions*, dans la conscience que vous avez tous, *qu'il serait*
» *désespérant* que les revenus d'une commune de 20,000 âmes ne se
» soutinssent pas au moins à la même hauteur, et qu'il y aurait dès
» lors *nécessité absolue d'y suppléer, de quelque manière que ce fût.*

» *Produit de l'octroi de banlieue.* — L'augmentation de ce pro-
» duit s'élève au-delà de tout ce que nous pouvions espérer ; mais
» je dois vous faire observer *qu'il ne faut pas compter que cette aug-*

» mentation se soutienne; nous la devons au grand nombre de troupes
» et d'ouvriers qui séjournent dans la banlieue, subordonnée à la
» construction des ouvrages de défense *déjà achevés sur beaucoup*
» *de points.*

» *Octroi municipal.* — Il y a une minime augmentation au-dessus
» de la recette présumée; *mais il n'y a pas lieu d'espérer le même*
» *résultat, quelque faible qu'il soit, pour l'exercice courant.* Au
» 31 mars 1843, les recettes s'élevaient déjà, pour le premier tri-
» mestre, à 17,085.   80

» A pareille époque de cette année (1844), elles
» se sont élevées seulement à 11,555.   19

Différence en moins. 5,530.   61

» On peut dire que l'on trouve la cause de cette diminution dans
» la hausse qu'a subie le prix des vins. Les débitants les mouillent
» davantage, et, par-là, frustrent la commune des droits qui lui re-
» viendraient. Il est d'autant plus fâcheux de voir baisser ce pro-
» duit, que notre octroi ne frappe que cette boisson, et qu'il consti-
» tue à lui seul la moitié des revenus municipaux. Que deviendrait
» notre commune si grande, si populeuse, *avec tous ses besoins,*
» s'il arrivait que cette diminution continuât? *Bientôt déserte, elle*
» *retomberait à l'état de village..* »

Permettez-nous, Monsieur le Ministre, en appelant votre attention sur cette sinistre prédiction de M. le maire, de vous faire remarquer que la hausse du prix des vins n'est pas la seule cause
de la diminution constatée dans le produit de l'octroi municipal.
L'achèvement des travaux de fortifications et l'abandon graduel de
notre barrière, *comme lieu de réunion,* ont également contribué à
produire ce résultat inquiétant; et ces deux dernières causes sont
plus sérieuses que la première, car elles ne sont pas accidentelles.

Mais laissons continuer M. le maire qui, après avoir établi que le
total de la dépense à faire pour couvrir le déficit, les engagements
contractés et les besoins urgents, s'élève à la somme énorme de
193,756 fr. 14 c., s'exprime ainsi :

« Quand on considère, Messieurs, que beaucoup de rues dont ce-

» pendant les plans ont été régulièrement arrêtés par ordonnances
» royales ne sont pas encore pavées, n'est-il pas utile de s'en occu-
» per? Je ne veux pas, quoi qu'il en soit, vous en donner le pavage,
» comme un objet d'urgence ; mais je dis, Messieurs, *qu'il est du*
» *devoir d'hommes graves et prévoyants de songer à l'avenir, et de*
» *préparer les voies et moyens de faire exécuter des travaux* qui, s'ils
» ne sont pas pressants pour le moment, ne manqueront pas assuré-
» ment à le devenir dans un temps qui n'est peut-être pas éloigné.
(Les rues dont parle M. le maire, sont au nombre de seize).

» Veuillez bien ne pas oublier, Messieurs : 1° que les fonds votés
» par vous pour l'entretien des chemins vicinaux n'ont pas été em-
» ployés à cette destination, et *qu'il y aura nécessité absolue de les*
» *rétablir;* 2° que vous vous occupez en ce moment d'une voie de
» communication dans la direction du terrain des Envierges, dont
» je n'apprécie pas même approximativement la dépense.

» Vous n'avez pas d'hôtel de mairie, Messieurs, encore que vous
» ayez maintefois reconnu qu'il était utile et de *votre dignité* d'en
» doter la commune. Je ne vous rappelle pas ce qui s'est passé der-
» nièrement touchant le projet d'acquisition du terrain Coutelet, et
» de faire construire sur ce terrain ; *vous avez reculé devant une*
» *dépense à la vérité énorme*, mais tôt ou tard il faudra revenir sur
» cet objet.

» L'église reporte sa construction à une époque où Belleville était
» à peine un village. *Il est évident, pour tous*, que les proportions de
» ce petit édifice ne sont plus en rapport avec le nombre des habi-
» tants. Qu'elle puisse suffire encore pendant quelques années,
» *parce qu'il serait impossible de faire autrement*, soit ; mais dans
» dix ans, par exemple, ne faudra-t-il pas en faire construire une
» autre pour la remplacer, ou agrandir celle existante ? Cela est
» incontestable. »

Ces deux derniers paragraphes sont dignes de fixer toute votre
attention. M. le maire considère *comme impossible* de construire une
église ou d'agrandir l'église actuelle *avant dix ans*; et le Conseil
municipal acquiert *immédiatement* une mairie de 272,000 fr. Certes,
si l'un de ces deux objets devait avoir la priorité, c'était assurément
l'église, modeste temple, suffisant sans doute en 1805, quand Belle-

ville comptait 1,600 habitants, mais en dehors de toute proportion avec une population de 20,000 âmes.

Écoutons encore M. le maire.

« *Éclairage.* — L'éclairage, tel qu'on le fait, Messieurs, a
» donné lieu à des réclamations et à des plaintes même de la part
» de quelques-uns de nos collègues. On a dit que la durée de l'é-
» clairage n'était pas suffisamment prolongée, et que les réverbères
» étaient en trop petit nombre. *J'en conviens; l'éclairage de*
» *2,400 heures par an n'est pas suffisant, et outre qu'il faudrait que*
» *l'éclairage fût prolongé de 600 heures, il serait encore utile qu'on*
» *augmentât le nombre des réverbères d'une quarantaine en plus.*

» *Je vous le demande, Messieurs, vos ressources vous permettent-*
» *elles une pareille augmentation d'éclairage?*

» *Trottoirs dans les rues.* — Le défaut de trottoirs dans vos rues
» communales a fixé la sollicitude de bon nombre d'habitants, et
» peut-être que quelques-uns d'entre-vous en sont frappés, quand
» dans Paris presque toutes les rues en sont bordées, ainsi qu'à *La*
» *Chapelle, la Villette, Saint-Denis, les Batignolles, Passy,* etc, etc.
» Cette différence entre Belleville et la capitale est facile à expli-
» quer. Paris considère les trottoirs comme une grande améliora-
» tion, *ainsi que cela doit être,* et les encourage au moyen de primes.
» Ici, vous ne donnez rien, *parce que vous ne le pouvez pas.* S'il était
» possible que vous fissiez comme la capitale et les *communes rurales*
» que j'ai citées, les trottoirs se multiplieraient chaque jour.

» Nous voilà renfermés dans le même mur d'enceinte qui entoure
» Paris. Comme à Paris, vos boulangers ne doivent-ils pas se pré-
» munir d'un approvisionnement, tant chez eux que *dans des gre-*
» *niers établis par la commune?* Un approvisionnement serait une
» excellente précaution contre des évènements terribles. Dans ce
» cas, Messieurs, ne devez-vous pas comprendre au nombre des
» projets qui doivent préoccuper des hommes *que les leçons du passé*
» *ont éclairés,* la construction de greniers d'approvisionnement?
» Rappelez-vous qu'à une époque où les farines subissaient une

» augmentation excessive, Paris ne permît pas que le pain cuit dans
» ses murs franchît la limite. »

Cette longue énumération des besoins de la commune est le plaidoyer le plus éloquent qu'on puisse faire contre la mesure que nous déplorons. Chaque ligne trahit ou plutôt proclame hautement l'embarras, l'impossibilité même que ressent l'administration municipale de pourvoir à tous ces besoins en temps opportun ; mais le plaidoyer a besoin d'être complété, car tout n'a pas été dit.

L'abaissement de la rue de Paris, depuis le théâtre jusqu'à la hauteur de la rue de la Villette, est depuis longtemps l'objet du vœu général : la pente de cette rue est tellement rapide, qu'il ne faut pas moins de huit à dix chevaux pour faire arriver sur le plateau un charriot chargé. Cet obstacle augmente considérablement le prix des matériaux et arrête bien des transactions. Les piétons eux-mêmes (ceux surtout qui vont à Paris, comme la classe *si nombreuse* des employés) ont beaucoup à souffrir de l'effort qu'ils ont à faire pour gravir cette véritable montagne, et il ne faut pas chercher ailleurs la cause des nombreuses émigrations qui ont lieu tous les ans. L'administration municipale a compris, comme tout le monde, la nécessité d'adoucir la pente de la rue de Paris, et elle attend avec impatience la décision du Conseil général du département ; car, dans l'incertitude d'une décision favorable, elle ajourne le repavage si urgent de la rue des Moulins. Mais le meilleur, le seul moyen d'amener cette affaire à bonne fin n'est-ce pas d'offrir au Département de contribuer pour une somme importante ?

Le bureau de bienfaisance a conçu depuis plusieurs années le projet de fonder une maison de retraite pour les vieillards ; il estime que pour réaliser ce projet il faut un capital de 10,000 fr. de rente. Il marche vers ce but, mais lentement, trop lentement sans doute, car les malheureux n'ont pas le temps d'attendre ; et d'ailleurs ne faut-il pas se préoccuper, *avant tout*, *des infortunes du moment*. Si l'on écrit à l'entrée des villes de province : *la mendicité est interdite*, à côté de cette inscription on lit celle-ci : *Hospice des Vieillards* ; et ce sont les communes qui en font les frais.... Il appartient donc à l'administration municipale, il est de son devoir d'*assurer* le vœu philantropique du bureau de bienfaisance.

9

Enfin, avons-nous besoin d'ajouter que le Conseil municipal a demandé, *à plusieurs reprises*, des subventions sur l'octroi de banlieue, afin de mieux constater sans doute l'insuffisance des ressources de la commune !

Tout ce qui précède est incontestable et n'a pas été contesté, mais on a dit : *le temps change dans son cours la situation des communes comme celle des particuliers, et la situation, vraie au mois de mai, ne l'est plus aujourd'hui.* . . . .

Est-ce bien sérieusement qu'une pareille objection a été faite ?

La situation *financière* d'une commune peut éprouver assurément, dans le courant de cinq ou six mois, quelques légères modifications. Les prévisions des recettes et des dépenses peuvent bien ne pas se trouver *exactement*, *mathématiquement* vraies ; mais la situation *matérielle* et *morale* ne peut pas changer aussi promptement. Les besoins que l'administration municipale déclarait n'être pas en mesure de satisfaire, ni *immédiatement*, *ni même dans un temps rapproché*, ne peuvent pas ne plus exister ; ils sont toujours là , ils sont toujours les mêmes.

Mais voyons ce qui s'est passé depuis la présentation du budget de 1843.

Nous ne parlerons pas de l'octroi sur la viande, qui est venu remplacer le droit d'abat perçu à l'abattoir. Cette mesure est *antérieure* à la présentation du budget de 1843 et *figure* dans les prévisions de celui de l'année 1845. Certes, si ce nouveau mode d'impôt avait été de nature à cicatriser les plaies de la commune, M. le maire n'aurait pas manqué de le dire pour rassurer le Conseil alarmé. . . .

Au mois d'août dernier, le Conseil municipal, réuni à un nombre égal des plus imposés, a voté 10 centimes additionnels, dont le produit doit s'élever à 13,000 fr. environ. Cet impôt avait pour but *avoué* l'extinction des dettes et l'exécution de travaux urgents ; mais le but *réel*, but beaucoup plus grave, était de pourvoir à une dépense *ordinaire*, à l'augmentation de l'éclairage actuel, reconnu insuffisant par tout le monde. C'est en effet depuis ce vote que nous avons vu jalonner plusieurs quartiers de nouveaux réverbères. L'éclairage de ces nouveaux réverbères pour trois mille heures, et celui des anciens pour une augmentation de six cents heures, s'élèveront à 10,000 fr. environ ; ensorte que les 10 centimes additionnels ne pourront être appliqués aux dettes et aux travaux urgents *que jusqu'à concurrence de 3,000 fr.* C'est une bien faible amélioration dans la situation de la commune ; mais la nouvelle délibération du Conseil, qui applique la totalité de ces 10 centimes à l'acquisition de l'Ile-d'Amour, ne renverse-t-elle pas toute l'utilité du premier vote, et ne crée-t-elle pas un sérieux et nouvel embarras ? En d'autres termes, ne nous trouvons-nous pas dans la même situation qu'au mois de mai 1844, avec cette différence, toutefois, que les dépenses ordinaires se trouveront augmentées de 10,000 fr. par suite de l'extension à donner à l'éclairage, sans compter les frais d'établissement des appareils évalués à 135 fr. par bec.

M. le maire exprimait, *à la session de mai 1844*, la crainte que les produits de l'octroi municipal et de l'abattoir, *principaux revenus de la commune*, ne subissent une diminution sensible. Cette crainte était-elle chimérique ? Voici les chiffres :

ANNÉES.	OCTROI MUNICIPAL.	ABATTOIR.	TOTAL.
1842	76,656. 08	28,419. 26	105,075. 34
1843	73,645. 81	27,808. 46	101,454. 27
1844	60,505. 80	25,082. »	85,587. 80

Telle est, Monsieur le Ministre, la situation matérielle de la commune. Quelque habileté qu'on mette à grouper les chiffres, quelque *encaisse* que présente l'exercice 1844, encaisse subordonné à des mouvements de fonds, à des avances ou à des retards de paiements, et, dans l'espèce, à un *temps d'arrêt* dans les travaux, il ressort de l'excellent travail de M. le Maire cet utile et grave enseignement, que de grands travaux restent à faire, travaux indispensables pour la prospérité de la commune, et que les ressources financières ne donnent pas les moyens d'entreprendre !... Que sera-ce donc quand nous aurons à payer l'Ile-d'Amour, dépense qui absorbera plus de deux années de nos revenus ?

DEUXIÈME QUESTION.

L'Ile-d'Amour est située rue de Paris. La maison est vaste, mais elle est construite partie en moellons de plâtre, partie en pans de bois, *nature de construction prohibée à Paris*. Cette circonstance n'échappera pas au conseil des bâtiments civils.

L'intérieur, distribué pour un restaurant, ne pourra être approprié à sa nouvelle destination sans de grands changements, et nous ne pouvons croire qu'on ait songé sérieusement, comme on l'a dit, à entrer en possession avec une simple dépense de 3oo fr. Il était donc indispensable qu'on fît faire les plans et devis des réparations. La prudence, *la loi* le demandaient, et l'oubli de cette formalité accuse une bien grande précipitation de la part du Conseil municipal.

Le prix de ces réparations peut bien être, et sera certainement considérable : il constituera donc la commune en perte, car les modifications apportées dans la distribution de l'immeuble, n'en augmenteront nullement la valeur.

Quant au prix d'acquisition, il est exagéré, ce n'est que trop vrai. Le vendeur, qui exploite un restaurant fort connu, a dû nécessairement faire entrer dans ses calculs la valeur de sa clientèle ; c'est l'opinion de tous les propriétaires de la commune. Le conseil des bâtiments civils, en examinant ce point important, justifiera, nous en sommes certains, notre assertion.

On compte un arpent et demi de terrain : cette superficie est trop étendue pour les besoins de la mairie. En conséquence, la portion de prix applicable à la partie de terrain inutile est une dépense sans objet.

On fait valoir certains revenus de la maison qui pourraient être conservés malgré l'installation de la mairie, et qui s'élèvent, dit-on, 4,9oo fr.

Le Conseil municipal se fait ici complètement illusion.

Les principaux revenus dont on parle proviennent du café Lenfant et d'un fonds de marchand de vins qui occupent les deux corps de bâtiment sur la rue (singulier entourage pour une mairie).

Le sieur Lenfant a le droit de mettre des tables dans la cour.....
Ne faudra-t-il pas faire disparaître cette servitude, et par consé-
quent diminuer la location du café, sinon la rendre impossible ?

Ne faudra-t-il pas opérer de la même manière à l'égard du marchand de vins, qui a droit de sortie sur la même cour ?

Mais ici, il y a quelque chose de plus grave que les servitudes
dont nous parlons.

La maison occupée par le marchand de vins a été construite sur
le terrain même de la cour, et masque complètement l'aile gauche
du bâtiment principal, dont elle n'est séparée que de quelques
pieds.

Cette construction détruit la symétrie (de fort mauvais *goût*) du
grand bâtiment ; *elle le gêne*, *elle le cache* ; le Conseil municipal
sera donc amené forcément à en ordonner la démolition. Or, cette
maison étant entrée, comme tout le reste, dans l'estimation de la
propriété, il s'ensuivra qu'on aura acquis, comme maison construite, de simples matériaux de démolition, c'est-à-dire *rien*.

L'Ile-d'Amour, comme nous l'avons dit, est située rue de Paris ;
c'est la partie de la commune où les terrains ont la plus grande valeur. Ne serait-il pas plus rationnel de choisir un emplacement dans
un quartier où les terrains sont à meilleur compte, afin de ménager
la bourse des contribuables ? Pourquoi ajouter encore à la centrali-
sation de la population et du mouvement dans la rue de Paris ? Ne
serait-il pas plus sage de chercher à les répartir également sur tous
les points ?

Pour quel motif s'est-on donc arrêté à cette idée que la mairie
doit être rue de Paris ?

Serait-ce (et de tous les motifs allégués, c'est le seul qui paraisse
avoir quelque portée), parce que la rue de Paris est au centre de la
commune ? Mais c'est là une erreur matérielle.

La rue de Paris et la chaussée de Ménilmontant sont les deux
grandes artères de notre commune ou plutôt de deux communes
liées entre elles par les rues de la Mare, de Calais et autres. C'est entre
ces deux grandes lignes parallèles que se trouve le centre *réel* et *moral*
de la commune. C'est donc là qu'il fallait chercher de préférence

une mairie : et cette circonscription était d'autant mieux indiquée qu'à l'avantage de la situation se joignait l'avantage fort important, sans doute, du bon marché.

N'a-t-on pu y trouver un immeuble convenable? mais si nous sommes bien renseignés, il existe rue de la Mare une maison appartenant à Mme Prieur, qu'on pourrait facilement approprier pour une mairie, moyennant une dépense de 20,000 fr., et qui a été offerte pour 105,000 fr. Trois arpents dépendent de cette propriété !... c'est le double de la superficie de l'Ile-d'Amour.

Nous sommes donc convaincus que l'immeuble proposé ne remplit pas les conditions désirables, sous le triple rapport de la construction, du prix et de la situation.

TROISIÈME QUESTION.

Lorsque le Conseil municipal s'occupa, pour la première fois, de la question d'une mairie, on proposa le terrain *Coutelet*, d'une valeur de 95,000 fr., et on fit faire les plans et devis de constructions qui devaient s'élever à 200,000 fr., soit en tout 295,000 fr.

Nous ferons remarquer que, dans cette hypothèse, on aurait dépensé moins que pour *l'Ile-d'Amour*, puisqu'aux 272,000 fr. de prix d'acquisition, il faudra ajouter les frais de l'acte de vente et les frais des réparations. Mais passons sur cette considération, car nous avons hâte de dire que l'édifice qu'on voulait élever était plutôt fait pour une *sous-préfecture* que pour une commune de banlieue. Nous avons examiné les plans de ce véritable monument, et nous avons été étonnés du luxe qu'on avait mis dans le nombre et dans l'étendue des bureaux, cabinets, salles de conseil, etc, etc. Tout avait été prévu, jusqu'à la possibilité de donner des bals et des concerts.

Ce n'est pas ainsi que nous entendons une *maison commune* pour notre modeste localité. Nous ne voulons ni ne pouvons édifier un monument.

Nous rappellerons ici que la commune de Bercy n'a dépensé que 85,000 fr. pour construire une mairie très convenable assurément. Nous serons plus larges pour Belleville ; nous admettrons qu'on puisse consacrer à cet objet 120,000 fr. Certes, cette somme est plus que suffisante pour construire les bureaux d'un personnel peu nombreux, le cabinet de M. le maire, et deux grandes salles, l'une pour le Conseil municipal, l'autre pour les audiences du juge-de-paix. En ajoutant à cette somme le prix d'un demi arpent de terrain coûtant tout au plus 20,000 fr. dans le quartier dont nous avons parlé, nous arrivons à peine à une somme de 140,000 fr. Il y a loin de ce chiffre à celui de 272,000 fr. qu'il faudra payer (et nous négligeons ici les frais considérables d'appropriation) pour acquérir un bâtiment informe, *mal* construit, et qui trahira toujours, *quoi qu'on fasse*, sa première destination.

Mais on peut même éviter la dépense du terrain en utilisant celui des *écoles* qui appartient à la commune, et qui est précisément situé rue de la Mare. Ce terrain est inoccupé, et l'administration municipale a, dit on, le projet d'y établir un marché couvert. On reconnaît sans doute que la situation est centrale, car c'est une condition indispensable pour un marché.

Si l'administration municipale réalise ce projet dont personne ne contestera l'utilité, ce sera une nouvelle charge à ajouter à toutes celles que nous avons énumérées.

Mais qu'on utilise ou non le terrain des écoles, la construction d'une mairie simple et convenable serait plus économique et ferait plus d'honneur au bon goût du Conseil municipal.

Telles sont, Monsieur le Ministre, les observations consciencieuses que nous venons vous soumettre dans l'intérêt *de la population de Belleville*. Cette population, si calme d'ordinaire, s'est vivement mue à l'annonce du projet d'acquisition de l'*Ile-d'Amour*. Elle s'est effrayée des conséquences funestes qu'il aurait pour l'avenir de la commune, et ces conséquences lui ont paru d'autant plus graves qu'elle a vu l'emprunt fixé d'abord à 100,000 fr., porté bientôt après à 200,000 fr., et les dix centimes additionnels détournés de leur première et si urgente destination. Si elle rend justice aux bonnes intentions du Conseil municipal, elle ne peut partager ses dangereuses illusions... Mais ces illusions ne commencent-elles pas à se dissiper aux yeux mêmes de nos mandataires? *Deux membres avaient voté contre le projet lors de la première réunion : neuf boules noires ont protesté dans la seconde.*

La vérité commence à poindre, il vous appartient, Monsieur le Ministre, de la mettre au grand jour.

Nous venons vous supplier, Monsieur le Ministre, de refuser votre adhésion au projet d'acquisition de l'Ile-d'Amour, comme mairie de Belleville.

Nous sommes, avec le plus profond respect,

Monsieur le Ministre,

Vos très humbles et très obéissants serviteurs,

(Suivent les signatures.)

Vinchon, Imprimeur, rue J.-J. Rousseau, 8.